Ecos de una Vida

Nancy Garibaldi

"Em cada lembrança guardada, vive uma vida inteira de sonhos, desafios e amores; e ao compartilhar essas memórias, perpetuamos o legado de quem fomos e de quem ainda podemos ser."

Prefácio

A ideia de escrever este livro surgiu da necessidade de preservar as memórias e experiências de Nancy, uma mulher que, aos 88 anos, viveu uma vida plena e rica em histórias. Inspirados pela vontade de compartilhar essas lições de vida com as futuras gerações, seus filhos, netos e genros perceberam que as lembranças de Nancy começavam a se dissipar. Foi então que decidiram registrar suas histórias em forma de um romance, garantindo que seu legado não se perdesse com o tempo.

O objetivo deste livro é oferecer às gerações futuras um vislumbre da sabedoria e das experiências de Nancy. Não há uma mensagem específica ou tema central, mas sim um desejo de compartilhar a vida de uma mulher que viveu com plenitude, enfrentando desafios e celebrando vitórias ao longo do caminho.

O processo de escrita deste livro levou cerca de um ano. Durante esse tempo, houve momentos de desafio e descoberta. Memórias antes esquecidas foram trazidas à tona, histórias nunca antes contadas foram reveladas, e, com elas, a sabedoria acumulada ao longo de uma vida bem vivida.

Este projeto não teria sido possível sem o apoio e a dedicação de sua família.

"Gostaria de expressar minha profunda gratidão aos meus filhos, netos e genros, que incentivaram e apoiaram a criação deste livro. Um agradecimento especial ao meu genro Guilherme, cuja paciência e dedicação foram fundamentais para colher as histórias do fundo do meu ser, ajudando-me a relembrar algumas das grandes passagens da minha vida."

Este livro é mais do que um simples relato; é um romance que narra a vida de Nancy, situando-a em um contexto pessoal e histórico que reflete a cultura e os tempos em que viveu. Espero que, ao ler estas páginas, os leitores possam sentir a presença de Nancy, ouvir sua voz e aprender com suas experiências, assim como aqueles que tiveram o privilégio de conhecê-la em vida.

Índice

Prefácio 3

"A Menina dos Olhos de Arame" 6

"Raízes na Terra Vermelha" 11

"A Primeira Pescaria" 18

"Noite de Dança na Tulha" 21

"Ritmos da Juventude" 25

"O Despertar Interior" 29

"Lições Além da Lousa" 32

"A Dança dos Corações" 37

"Acordes do Coração" 43

"Escolhas e Destinos" 46

"Bênçãos de Amor e União" 49

"Novas Vidas, Novas Esperanças" 53

"O Milagre de Natal: Uma Jornada Celestial" 57

"O Caminho do Perdão: Uma Prece do Coração" 61

"Palavras de Serenidade" 64

"No Cume da Montanha: Reflexões de uma Vida" 67

"A Jornada: Lições de Uma Vida" 70

"Orações e Reflexões" 75

"A Luz Interior: Lições de Amor e Compreensão" 79

Epílogo: "Ecos do Passado, Melodias do Futuro".......82

Um conto folclórico - José Alves de Fundão...............87

Autor(a)..91

"A Menina dos Olhos de Arame"

O sol da tarde pintava o céu de Pitangueiras com tons de laranja e rosa quando Nancy, uma menina de olhos brilhantes e cabelos ruivos como o alvorecer, corria pelo quintal de sua casa. Com apenas cinco ou seis anos, ela já se sentia dona do mundo em sua pequena vizinhança. As meninas que moravam ali perto eram suas eternas companheiras, e juntas formavam um grupo inseparável de "comadres".

Naquela tarde, como em tantas outras, as meninas estavam reunidas, batizando suas bonecas com os nomes mais elegantes que podiam imaginar. "Comadre", chamava Nancy, segurando sua boneca recém-nomeada, "vamos fazer um bolo para o batizado?" As risadas das meninas ecoavam pelo quintal enquanto elas brincavam de cozinhar, usando folhas como ingredientes e gravetos como colheres.

Quando o sol começava a se pôr, era sempre hora do pique-esconde. Nancy era especialmente boa em encontrar os esconderijos mais improváveis, muitas vezes deixando suas amigas procurando por ela até o anoitecer.

Foi em meio a essas brincadeiras que seu pai anunciou: "Amanhã vou matricular você na escola." As palavras soaram como uma promessa mágica para Nancy. Ela mal pôde dormir naquela noite, imaginando-se como as meninas mais velhas, que já usavam uniformes e sabiam escrever na lousa.

Na manhã seguinte, Nancy acordou antes mesmo do galo cantar. Vestiu seu uniforme novo com um cuidado reverencial, sentindo-se importante e crescida. Quando chegou à escola, seus olhos brilhavam de expectativa.

Nancy sempre olhava para as meninas mais velhas com uma mistura de admiração e inveja. Elas pareciam tão sábias, escrevendo na lousa com confiança. Nancy, por sua vez, nem sequer tinha giz, muito menos sabia escrever. Mas isso estava prestes a mudar.

Quando as meninas contaram à professora sobre o desejo ardente de Nancy de escrever na lousa, algo maravilhoso aconteceu. Com um sorriso gentil, a professora presenteou Nancy com três ou quatro gizes e um apagador. Para ela, era como se tivesse recebido um tesouro inestimável.

Naquela mesma tarde, transbordando de alegria e inspiração, reuniu suas amigas. "Vamos brincar de escola!", ela propôs, seus olhos brilhando de entusiasmo. E assim, no quintal de sua casa, não muito longe da sede da fazenda de seu avô, Nancy se transformou em professora.

Com um pedaço de madeira como lousa improvisada, Nancy começou sua primeira "aula". Seus movimentos eram desajeitados, as letras mal formadas, mas seu entusiasmo era contagiante. As amigas, sentadas em círculo ao seu redor, observavam com admiração enquanto ela rabiscava no "quadro-negro".

Nos dias que se seguiram, a brincadeira de escola se tornou um ritual diário. Todas as tardes, as meninas se reuniam, e Nancy, invariavelmente, assumia o papel de professora. Ela ensinava o pouco que sabia com a convicção de quem domina todos os conhecimentos do mundo.

Foi nesse momento, em meio às brincadeiras e sonhos infantis, que teve uma ideia. Se uma professora de verdade usava óculos, ela também precisava de um par. Com determinação, ela pegou um pedaço de arame e começou a moldá-lo.

"Pronto!", exclamou ela, ajustando sua criação no rosto. Os "óculos" de arame balançavam precariamente em seu nariz, mas para Nancy, eram perfeitos. Ela se virou para suas amigas, que a observavam com curiosidade. "Agora sim, podemos começar a aula de verdade!"

As meninas riram, mas logo se acomodaram no chão do quintal, folhas de papel espalhadas à sua frente. Nancy, agora transformada em "professora", com seus óculos de arame conferindo-lhe toda a autoridade que ela acreditava que uma verdadeira mestra deveria ter, começou sua lição imaginária.

Esta cena, aparentemente simples, era o prelúdio de uma vida repleta de determinação, criatividade e amor pelo aprendizado. Não sabia ainda, mas aqueles momentos de brincadeira no quintal de sua casa no sítio do Distrito de Pitangueiras eram os primeiros passos de uma jornada que a levaria por caminhos inesperados, dos campos de café às pistas de dança, das salas de aula aos corredores do amor.

Enquanto ela "ensinava" suas amigas, ajustando os óculos de arame com a seriedade de uma professora experiente, o mundo ao seu redor - a pequena cidade, as fazendas, os clubes de dança - aguardava para moldar sua história. Uma história de uma menina que, mesmo quando a vida lhe apresentava obstáculos, encontrava maneiras criativas de realizar seus sonhos, nem que fosse com um simples pedaço de arame.

1

"Raízes na Terra Vermelha"

O amanhecer na fazenda era sempre um espetáculo. Nancy, agora com seus oito anos, acordava com o canto dos galos e o cheiro de café fresco que sua mãe preparava. Ela se espreguiçava na cama, sentindo o frescor da manhã entrar pela janela, trazendo consigo o aroma inconfundível da terra molhada e das árvores frutíferas que cercavam o sítio de seus pais.

"Nancy! O café está na mesa!", a voz de sua mãe ecoava pela casa, misturando-se aos sons da natureza que despertava.

Com um pulo, Nancy saía da cama, vestia-se rapidamente e corria para a cozinha. O café da manhã era sempre um momento especial, com a família reunida ao redor da mesa de madeira maciça, herança de seus avós. Enquanto comia seu pão com manteiga e tomava o leite ainda morno, recém-tirado da vaca, Nancy ouvia atentamente as conversas dos adultos.

Os pais de Nancy tinham um sítio muito lindo, e seus avós, uma fazenda maravilhosa chamada "A Fazenda Paiol". O que separava o sítio da fazenda era uma estrada de terra que ia de Pitangueiras até Viradouro onde ela transitava de um lado a outro o dia todo. Havia uma linha de ônibus que passava por ali, o que permitia a Nancy e sua família ir e vir com facilidade - era uma comodidade que a menina adorava.

A cerca de 100 metros da casa de seu pai, havia um campo de futebol. Todos os domingos, tinha jogo ali, e era sempre uma grande festa, pois muita gente vinha assistir. Nancy adorava esses dias, cheios de animação e alegria.

Naquela época, não havia luz elétrica no sítio. As noites eram iluminadas pelo suave brilho dos lampiões, criando uma atmosfera acolhedora e misteriosa que ela achava fascinante. Até que um dia, seu avô conseguiu trazer a eletricidade para a fazenda, e foi uma comemoração e tanto! Seu pai, não querendo ficar para trás, logo puxou a luz para a casa deles também. Nancy ainda se lembrava da emoção de ver as lâmpadas se acenderem pela primeira vez, iluminando os cômodos com uma claridade que parecia mágica.

"Filha", disse seu avô, limpando a boca com um guardanapo, "preciso que você leve um recado ao tio Zico hoje. Acha que pode fazer isso?"

Os olhos de Nancy brilharam. Levar recados significava uma coisa: montar a cavalo. "Claro, Vô! Posso ir agora mesmo!"

Aos oito anos, Nancy já era uma exímia cavaleira. Desde que o moço que trabalhava para seu avô havia pedido as contas, ela assumira a responsabilidade de fazer entregas, receber encomendas e ajudar a cuidar do gado. Era uma tarefa que ela adorava, pois lhe dava a chance de explorar a região e sentir-se útil.

Minutos depois, Nancy estava no estábulo, selando seu cavalo favorito. O animal relinchou suavemente, reconhecendo o toque gentil de sua jovem cavaleira. Com um movimento ágil, ela montou e partiu em direção à estrada de terra que serpenteava entre as fazendas.

O vento batia em seu rosto enquanto ela galopava, levantando uma pequena nuvem de poeira vermelha. Nancy sentia-se livre, como se pudesse voar. As plantações de café passavam como um borrão verde e marrom ao seu lado, e o céu azul se estendia infinitamente acima dela.

No caminho, passou pela fazenda de seus avós. A imponente casa branca se destacava na paisagem, e Nancy não pôde deixar de sorrir ao pensar nas tardes que passava ali, ouvindo as histórias de sua avó e ajudando seu avô com pequenas tarefas.

Ao chegar ao sítio do tio Zico, Nancy desmontou com graça, amarrou o cavalo e bateu à porta. Enquanto esperava, seus olhos vagaram pelo terreno, notando as diferenças e semelhanças com o sítio de seus pais. O cheiro de café torrado pairava no ar, misturando-se com o aroma das flores do jardim bem cuidado.

"Nancy! Que surpresa boa!", exclamou tio Zico ao abrir a porta. "Veio trazer algum recado?"

Ela entregou o envelope que seu avô lhe dera, sentindo-se importante por ser a mensageira da família. Tio Zico a convidou para entrar e tomar um copo de limonada fresca antes de voltar para casa.

Enquanto bebia a limonada gelada, observava a sala de estar do tio. As paredes eram decoradas com fotos antigas da família, e um rádio antigo tocava baixinho uma música que ela não conhecia. Tudo ali parecia contar uma história, e Nancy se perguntava quantas memórias aquelas paredes guardavam.

"Sabe, Nancy", disse tio Zico, sentando-se em sua poltrona favorita, "quando eu tinha sua idade, também adorava andar a cavalo por essas terras. Parece que algumas coisas nunca mudam, não é?"

Ela sorriu, sentindo uma conexão profunda com sua família e com aquela terra que tanto amava. Sabia que, não importava onde a vida a levasse, suas raízes estariam sempre fincadas naquela terra vermelha, naqueles campos de café e naquelas estradas de terra que conectavam não apenas fazendas, mas gerações inteiras.

Ao montar novamente em seu cavalo para voltar para casa, Nancy sentiu uma mistura de emoções. Orgulho por ter cumprido sua missão, alegria pela liberdade que sentia ao cavalgar, e uma profunda gratidão por fazer parte daquele mundo tão rico e cheio de vida.

Tudo corria bem no caminho de volta, até que Nancy sentiu o ritmo do cavalo mudar. Ele começou a galopar mais devagar, com os passos ficando mais pesados. Ela tentou motivá-lo, mas, em um momento, ele simplesmente caiu, e Nancy foi ao chão com ele. O susto foi tão grande que seu coração disparou. Ficou paralisada por um segundo, mas logo se recuperou e conseguiu se levantar. A cena parecia até um daqueles filmes que passam em câmera lenta.

Enquanto tentava se recompor, Nancy viu um senhor a cavalo se aproximar. Ele desceu e, com uma calma reconfortante, perguntou: "Machucou-se, menina?"

"Graças a Deus, não," respondeu Nancy, ainda recuperando o fôlego.

O homem olhou para o cavalo caído e disse, com um sorriso gentil: "Monte aqui, não tenha medo. Este cavalo é bem manso. Eu vou cuidar do seu e, amanhã, levo-o de volta para o seu Clé."

Nancy subiu no cavalo dele, sentindo uma mistura de alívio e receio. Tinha medo das porteiras, pois ambas eram pesadas e tinham trancas difíceis de abrir. Mas qual não foi sua surpresa ao ver que o cavalo do senhor se aproximava das porteiras como se soubesse exatamente o que ela precisava. Ele parava no lugar certo, como um cúmplice atento, permitindo que Nancy abrisse e fechasse cada porteira com facilidade.

Ao chegar em casa, Nancy agradeceu ao homem, que se despediu com um aceno. O sol já se punha, pintando o céu com tons de laranja e rosa. As luzes da varanda começavam a se acender, não mais os lampiões de outrora, mas as novas lâmpadas elétricas, símbolos do progresso que chegava mesmo àquele recanto bucólico.

Enquanto desmontava, Nancy refletiu sobre os eventos do dia. A queda do cavalo, o susto, a ajuda inesperada do gentil estranho - tudo isso se misturava em sua mente, formando mais um capítulo nas histórias que ela guardaria para sempre em seu coração.

Naquela noite, deitada em sua cama, fez uma promessa silenciosa a si mesma: não importava o que o futuro reservasse, ela nunca esqueceria suas origens, suas raízes fincadas naquela terra vermelha que tanto amava. E com esse pensamento reconfortante, ela adormeceu, embalada pelos sons noturnos da fazenda e pelos sonhos de novas aventuras que o amanhã certamente traria.

2

"A Primeira Pescaria"

Era um sábado ensolarado na Fazenda Paiol, e Nancy acordou com o coração cheio de alegria. O dia prometia aventuras, e ela mal podia esperar para explorá-las. Após um café da manhã reforçado com leite fresco e pão com manteiga, Nancy se dirigiu ao quintal para brincar com suas bonecas, como fazia todas as manhãs.

Enquanto brincava, algo chamou sua atenção. Seu pai, seu João Felipe, estava na varanda, preparando suas varas de pesca. Ele cuidadosamente montava a linha, ajustava a chumbada e o anzol, sua expressão de concentração quase mágica para a pequena Nancy. Fascinada, ela deixou suas bonecas de lado e se aproximou, observando de rabo de olho cada movimento do pai.

Percebendo a curiosidade da filha, seu João Felipe sorriu e perguntou: "Ô fia, quer ir pescar com o pai?" A proposta mal havia sido feita e Nancy já estava de pé, pulando de animação. "Quero sim, pai! Quero sim!", respondeu com entusiasmo.

Com os cavalos selados e prontos, pai e filha partiram rumo ao sítio do Tio Zico, onde havia um córrego conhecido por ser rico em peixes. A cavalgada foi cheia de risadas e histórias, com Nancy fazendo perguntas sobre os peixes e a pesca.

Ao chegarem ao córrego, o som suave da água corrente e o canto dos pássaros criavam um cenário perfeito para a aventura que se desenrolaria. Seu João Felipe organizou as tralhas e preparou uma vara especialmente para Nancy. Com paciência, ele mostrou à filha como iscar a minhoca no anzol e explicou o que fazer quando o peixe puxasse.

"Quando sentir a vara mexer, fia, você puxa com cuidado, tá bom?" ele disse, olhando nos olhos curiosos de Nancy.

Com a vara em mãos, Nancy se sentou à beira do córrego, observando atentamente a linha na água. A expectativa era palpável, e a cada movimento da linha, seu coração dava um salto. Finalmente, sentiu um puxão firme. Lembrando-se das instruções do pai, puxou a vara com cuidado.

Para sua alegria, um peixe brilhante surgiu na superfície, debatendo-se no anzol. "Peguei, pai! Peguei!" ela gritou, radiante.

Seu João Felipe, orgulhoso, ajudou-a a retirar o peixe e a colocá-lo em um balde com água. "Muito bem, minha pescadora!", elogiou, dando-lhe um abraço apertado.

A tarde passou rapidamente, com Nancy pegando mais alguns peixes e aprendendo os segredos da pescaria com seu pai. A experiência não apenas fortaleceu o vínculo entre eles, mas também deixou em Nancy uma lembrança preciosa de sua infância.

Quando o sol começou a se pôr, tingindo o céu de laranja e rosa, pai e filha voltaram para casa, os cavalos trotando suavemente pelo caminho. Nancy segurava o balde com os peixes, já sonhando com a próxima aventura ao lado de seu pai.

Naquela noite, enquanto contava à mãe sobre sua pescaria, Nancy percebeu que havia aprendido muito mais do que apenas pescar. Aprendera sobre paciência, sobre a beleza da natureza e, acima de tudo, sobre a alegria de compartilhar momentos especiais com aqueles que amamos.

3

"Noite de Dança na Tulha"

A Fazenda Paiol estava em polvorosa com os preparativos para o grande baile. Nancy, com seus doze anos, sentia a excitação no ar enquanto ajudava a mãe e as outras mulheres a limpar a Tulha de café. Os sacos de café eram cuidadosamente retirados, e o chão varrido até brilhar. Cadeiras e bancos eram dispostos ao longo das paredes, criando um espaço amplo para a dança.

A Tulha, normalmente um lugar de trabalho árduo, transformava-se em um salão de festas sob as mãos habilidosas dos moradores da colônia. As paredes rústicas de madeira eram adornadas com lanternas de papel colorido, que prometiam lançar um brilho suave e mágico quando a noite caísse.

À medida que o sol começava a se pôr, tingindo o céu com cores de fogo, as pessoas começaram a chegar. Quase todos que moravam na colônia da fazenda estavam presentes, suas roupas domingueiras contrastando com o ambiente simples da Tulha. O som alegre de um acordeão enchia o ar, tocado por um músico cujo nome Nancy não recordava, mas cuja música fazia seus pés quererem dançar.

Nancy estava ansiosa e um pouco nervosa. Era seu primeiro baile, e ela não sabia o que esperar. Mas a atmosfera era contagiante, cheia de risos e conversas animadas. Ela observava as pessoas dançando, seus movimentos fluindo com a música, e sentia uma mistura de admiração e desejo de se juntar a elas.

A "Dança do Chapéu" começou, e Nancy assistia fascinada. Era uma dança cheia de energia e surpresas, onde quem estivesse com o chapéu colocava-o na cabeça de outra pessoa e tomava seu par para dançar. A troca de parceiros era rápida e imprevisível, e a Tulha ressoava com risadas e exclamações de surpresa.

De repente, um garoto da colônia se aproximou de Nancy e a convidou para dançar. Com o coração acelerado, ela aceitou, tentando lembrar-se dos passos que havia observado. Seu corpo se movia de forma desajeitada no início, mas a música a envolvia, e ela começou a se soltar.

Então, inesperadamente, alguém colocou o chapéu em sua cabeça. Nancy congelou por um momento, sem saber o que fazer. Sua tia, percebendo sua hesitação, aproximou-se e sussurrou: "Coloque o chapéu na cabeça de outra moça e pegue o par dela para dançar."

Com um sorriso nervoso, Nancy fez exatamente isso, e logo se viu dançando com um novo parceiro. A sensação de liberdade e alegria a invadiu, e ela riu junto com os outros enquanto a dança continuava.

No entanto, nem todos estavam tão despreocupados. Uma moça, conhecida por seu ciúme, não gostou quando seu par foi "roubado" por outra dançarina. Uma breve discussão se seguiu, mas foi rapidamente abafada pelas risadas e pela música, que continuavam a fluir sem interrupção.

Enquanto a noite avançava, Nancy sentiu-se parte de algo maior. A música, a dança, as pessoas ao seu redor - tudo contribuía para uma sensação de comunidade e pertencimento. Ela percebeu que, embora a vida na fazenda fosse muitas vezes dura, havia momentos como aquele que tornavam tudo valer a pena.

Quando o baile finalmente chegou ao fim, e as lanternas começaram a apagar uma a uma, Nancy saiu da Tulha com um sorriso no rosto e o coração leve. A experiência havia sido mágica, e ela sabia que guardaria aquela noite em sua memória para sempre.

Enquanto caminhava de volta para casa sob o céu estrelado, Nancy sentiu-se grata por pertencer àquele lugar, às pessoas que o habitavam, e à música que unia a todos em uma dança eterna de alegria e camaradagem.

4

"Ritmos da Juventude"

Os anos passaram como páginas de um livro viradas pelo vento, e Nancy, agora uma jovem de dezesseis anos, sentia o coração bater no ritmo das músicas que ecoavam pelos salões de Pitangueiras. O clube administrado por seu avô era o epicentro da vida social da cidade, e as noites de sábado haviam se tornado o momento mais aguardado da semana.

Naquela tarde de sábado, Nancy estava sentada diante do espelho de sua avó, observando com fascínio enquanto a cabeleireira trabalhava em seus cabelos ruivos. O reflexo mostrava não apenas uma jovem se preparando para um baile, mas uma mulher em formação, os olhos brilhando com a promessa do que a noite poderia trazer.

"Está linda, minha querida", disse sua avó, entrando no quarto com um vestido cuidadosamente dobrado nos braços. "Olhe o que trouxemos de Bebedouro para você."

Nancy se levantou, tocando o tecido delicado com reverência. Era um vestido de seda azul-celeste, com detalhes em renda que pareciam ter sido tecidos por fadas. Ela o vestiu com cuidado, sentindo o tecido fresco deslizar sobre sua pele.

"Vovó, é perfeito!", exclamou, girando diante do espelho. O vestido flutuava ao seu redor como uma nuvem, e por um momento, Nancy se sentiu como uma princesa saída de um conto de fadas.

Quando chegaram ao clube, o sol já havia se posto, e as luzes do salão brilhavam como estrelas terrenas. O som da orquestra Casino de Sevilha preenchia o ar, as notas musicais parecendo dançar entre os convidados que chegavam.

Nancy entrou no salão ao lado de suas primas, sentindo todos os olhares se voltarem para elas. O orgulho brilhava nos olhos de seu avô, que as observava da entrada. As palmas e assobios que as receberam fizeram-na corar, mas também a encheram de uma confiança que ela nunca havia sentido antes.

A música começou, e logo Nancy se viu rodopiando pelo salão nos braços de um jovem rapaz. As luzes, os sons, os aromas - tudo se misturava em uma sinfonia de sensações que a faziam sentir-se viva como nunca antes.

Entre uma dança e outra, Nancy observava o salão. Via casais de todas as idades, alguns dançando há décadas juntos, outros descobrindo o amor pela primeira vez. Viu sua avó e seu avô dançando, os olhos fixos um no outro como se o tempo não tivesse passado desde seu primeiro baile.

Foi nesse momento que Nancy percebeu que aquelas noites de dança eram mais do que simples diversão. Eram a trama que unia a comunidade, o ritmo que mantinha viva a história de Pitangueiras. Cada giro, cada passo, cada sorriso trocado era um fio na grande tapeçaria da vida da cidade.

À medida que a noite avançava, ela dançou com diversos parceiros, mas seus olhos continuavam a buscar algo - ou alguém - que ela ainda não sabia definir. Era como se, em meio àquela celebração de vida e juventude, ela estivesse à procura de um rosto que ainda não conhecia, mas que seu coração já ansiava encontrar.

Quando a orquestra tocou os últimos acordes e as luzes do salão começaram a se apagar, sentiu uma mistura de exaustão e euforia. Seus pés doíam, mas seu coração estava leve. Enquanto caminhava para casa sob o céu estrelado de

Pitangueiras, acompanhada por suas primas que riam e relembravam os eventos da noite, sabia que algo havia mudado dentro dela.

Aquela noite de dança havia sido mais do que um simples baile. Fora um rito de passagem, um momento em que ela sentira, pela primeira vez, o poder de sua própria juventude e a promessa de tudo o que a vida ainda tinha a oferecer.

Deitada em sua cama, com o vestido de seda cuidadosamente guardado e o som distante da música ainda ecoando em seus ouvidos, Nancy sorriu para o teto. O sono a envolvia lentamente, mas sua mente continuava a dançar, girando com sonhos do futuro e com a certeza de que, não importava o que a vida lhe reservasse, ela sempre teria a música em seu coração e o ritmo da juventude em seus passos.

5

"O Despertar Interior"

Nancy fechou os olhos, deixando que as memórias de sua juventude fluíssem. Um sorriso suave se formou em seus lábios enquanto ela se lembrava do momento em que sua jornada interior verdadeiramente começou.

"Eu tinha onze anos", começou ela, sua voz suave carregada de nostalgia, "quando comecei a fazer perguntas mais profundas sobre a vida. Minha mãe notou a mudança e começou a me tratar de uma maneira diferente."

Nancy fez uma pausa, lembrando-se da noite que mudou tudo. "Numa noite, minha mãe decidiu me levar a um lugar especial. Era uma sala maravilhosa, na casa dos meus avós, onde as pessoas se reuniam para refletir e buscar entendimento."

Os olhos de Nancy brilharam ao descrever os encontros semanais. "Uma vez por semana, havia reuniões. Fui aprendendo e crescendo. Com o tempo, para minha surpresa e alegria, descobri que tinha uma sensibilidade especial para as coisas do espírito."

Ela sorriu, grata pela descoberta. "Graças a essa sensibilidade, pude ajudar muitas pessoas ao longo dos anos."

Nancy então compartilhou uma experiência marcante que solidificou sua fé. "Certa noite, tive um pressentimento forte sobre meu primo Diego. Algo me dizia que ele estava em perigo."

Sua voz tremeu ligeiramente ao lembrar-se da cena. "Seguindo essa intuição, conseguimos descobrir que Diego havia sofrido um acidente de carro. Rapidamente, fizemos o que era necessário para que ele recebesse ajuda."

Nancy fez uma pausa, seus olhos marejados de emoção. "Diego se recuperou completamente. Foi um momento que reforçou minha crença no poder da fé e da conexão que temos uns com os outros."

Concluindo seu relato, ela expressou sua profunda gratidão. "É por isso, e por tantas outras experiências maravilhosas que tive, que sou eternamente grata pela vida e por todas as oportunidades de crescimento que ela nos oferece."

Nancy abriu os olhos, voltando ao presente. Aquelas memórias de sua juventude haviam moldado quem ela se tornara, estabelecendo as bases de uma vida dedicada à compreensão mais profunda de si mesma e ao auxílio ao próximo. Cada experiência, cada oração respondida, cada vida tocada através de sua sensibilidade, era um testemunho do amor e da conexão que ela sentia pulsar em seu coração.

6

"Lições Além da Lousa"

O sol mal havia nascido quando Nancy abriu os olhos naquela manhã de segunda-feira. Seu coração batia acelerado, uma mistura de ansiedade e expectativa. Era o dia em que seu pai havia prometido matriculá-la para continuar seus estudos em Ribeirão Preto. Com um salto, ela saiu da cama e começou a se arrumar, escolhendo cuidadosamente suas melhores roupas.

"Pai", chamou ela, correndo pelo corredor, "estou pronta para ir!"

O rosto de seu pai, normalmente alegre, estava sério. "Nancy, minha filha, sente-se aqui. Precisamos conversar."

As palavras que se seguiram caíram como pedras no coração de Nancy. Sua irmã mais velha, que deveria acompanhá-la nesta nova jornada, havia mudado de ideia no último momento e se recusava a ir.

"Mas pai, eu quero tanto estudar! Ser professora é meu sonho!", Nancy exclamou, as lágrimas ameaçando cair.

Seu pai segurou suas mãos com ternura. "Eu sei, minha filha. E seu dia chegará, tenho certeza. Mas você é muito jovem para ir sozinha para uma cidade grande. Não posso deixar você ir sem sua irmã. Precisamos ter paciência."

Naquela noite, deitada em sua cama, Nancy encarava o teto, as lágrimas silenciosas molhando seu travesseiro. O sonho de ser professora, de estudar o magistério em Ribeirão Preto, parecia agora distante como as estrelas que brilhavam lá fora. Mas enquanto o sono a envolvia, uma ideia começou a se formar em sua mente.

Na manhã seguinte, Nancy acordou com uma nova determinação. Se não podia ir à escola para se tornar professora, traria a escola até ela. Reuniu alguns livros velhos, pedaços de giz que havia guardado e convocou seus amigos e vizinhos mais jovens.

Sob a sombra de uma grande árvore no quintal, Nancy improvisou uma sala de aula. Com um pedaço de madeira como lousa, ela começou a ensinar o que sabia. Letras, números, histórias - tudo o que havia aprendido em seus anos de estudo, ela agora compartilhava com entusiasmo.

Os dias se transformaram em semanas, e as "aulas" de Nancy se tornaram um evento regular. Crianças da vizinhança vinham ansiosas para aprender com a jovem professora improvisada. Nancy descobriu que, ao ensinar, ela também aprendia. Cada pergunta curiosa, cada olhar de compreensão nos rostos de seus "alunos" a fazia crescer.

Uma tarde, enquanto explicava uma soma particularmente difícil, Nancy notou uma figura observando à distância. Era a senhora Oliveira, a professora aposentada que morava no final da rua.

"Nancy", chamou a senhora Oliveira, aproximando-se, "posso me juntar à sua aula?"

Com o coração acelerado, Nancy assentiu. A presença da experiente professora a deixava nervosa, mas também excitada. Ao final da "aula", a senhora Oliveira sorriu.

"Você tem um dom, minha querida", disse ela, colocando a mão no ombro de Nancy. "Talvez não possa ir à escola agora, mas isso não significa que não possa aprender e ensinar."

Nas semanas que se seguiram, a senhora Oliveira tornou-se uma mentora para Nancy. Trazia livros de sua vasta biblioteca pessoal, compartilhava técnicas de ensino e, mais importante, alimentava a chama do conhecimento que ardia no coração da jovem.

Um dia, enquanto caminhavam juntas após uma sessão de estudos, a senhora Oliveira parou e olhou nos olhos de Nancy.

"Lembre-se, minha querida", disse ela com suavidade, "ser professora não é apenas sobre estar em uma sala de aula formal. É sobre inspirar, sobre acender a luz do conhecimento nos olhos dos outros. E isso, você já está fazendo."

Aquelas palavras tocaram Nancy profundamente. Ela percebeu que, embora seu caminho não fosse o que havia imaginado inicialmente, ainda estava seguindo seu sonho. Cada tarde sob a árvore, cada sorriso de compreensão nos rostos de seus jovens alunos, cada novo conhecimento que adquiria - tudo isso a estava moldando, preparando-a para um futuro que ela ainda não podia imaginar.

Anos mais tarde, Nancy encontrou uma nova forma de viver seu sonho de ensinar. Quando teve seus próprios filhos, decidiu educá-los em casa antes de mandá-los para a escola. Com paciência e dedicação, ela lhes ensinou a ler e escrever. Quando finalmente chegou o momento de irem para a escola formal, seus filhos já estavam bem à frente de seus colegas, um testemunho do talento natural de Nancy para o ensino.

À noite, sentada à beira de sua cama, Nancy pegou os velhos óculos de arame que havia feito anos atrás.

Sorrindo, ela os colocou no rosto. O sonho de ser professora não havia morrido; tinha apenas tomado uma forma diferente, mais rica e mais profunda do que ela jamais poderia ter imaginado.

Com o coração cheio de gratidão e esperança, adormeceu, sonhando com as lições que o amanhã traria - lições que iam muito além de qualquer lousa. Ela havia descoberto que o verdadeiro ensino acontece não apenas nas salas de aula, mas em cada momento da vida, em cada interação com aqueles ao nosso redor. E nesse sentido, Nancy havia se tornado a professora que sempre sonhara ser.

7

"A Dança dos Corações"

O jardim da cidade de Viradouro pulsava com a energia da juventude naquela noite de sábado. Nancy, agora uma jovem mulher, caminhava com suas amigas, o coração leve e os olhos brilhantes. O ar estava carregado com o perfume das flores e a promessa de novas aventuras.

Nancy adorava dançar, e todos os sábados havia bailes, seja no sítio ao som do acordeon, ou na cidade, onde tocava uma orquestra. Quando o Carnaval se aproximou, ela e sua prima Vilma foram convidadas para dançar em Viradouro. A experiência a encantou, e foi nessa ocasião que Nancy conheceu um rapaz que logo se interessou por ela.

O jardim de Viradouro tornou-se o palco desse romance nascente. Era um local quadrado, onde as moças circulavam à direita e os rapazes à esquerda, num balé silencioso de olhares e sorrisos tímidos. Na esquina, havia um bar com um rádio e um alto-falante, onde as pessoas pediam músicas uns para os outros.

As semanas se passaram, e Nancy e o rapaz começaram a namorar. O jardim se tornou o cenário de seu amor, com conversas sussurradas e mãos que se tocavam brevemente. Nancy sentia-se flutuar, como se estivesse vivendo dentro de um dos romances que tanto gostava de ler.

Mas a vida, como Nancy logo descobriria, raramente segue o roteiro perfeito de um romance. Depois de cerca de dois anos juntos, uma noite, enquanto passeava com Vilma no jardim, Nancy ouviu uma música familiar ecoar pelo ar. Era "Vaya con Dios", tocando no alto-falante do bar da esquina. Seu coração deu um salto quando percebeu que a música havia sido pedida por seu namorado. A letra, "Vaya con Dios, mi vida" (Vá com Deus, minha vida), soava como uma dolorosa despedida.

Nancy sentiu o mundo girar ao seu redor, compreendendo o significado por trás desse gesto percebeu sua face queimar de vergonha. Sem pensar duas vezes, ela e Vilma saíram correndo, deixando para trás um coração em tumulto.

Os dias que se seguiram foram difíceis, com Nancy evitando o jardim e buscando refúgio em sua fé.

Foi nesse momento de incerteza que o destino interviu. A chegada de Tia Clarinda com suas filhas trouxe uma oportunidade inesperada: um trabalho na Frutesp, uma fabrica de sucos de laranja em Bebedouro. Inicialmente relutante, Nancy acabou aceitando, ansiosa por uma mudança.

Em Bebedouro, Nancy começou sua nova vida. Seu trabalho na Frutesp consistia em aplicar um líquido com um pincel para deixar as laranjas lustrosas. Embora monótono, o trabalho lhe oferecia uma sensação de independência que nunca havia experimentado antes.

Foi durante um almoço de domingo na casa de sua tia que o destino preparou uma surpresa para Nancy. O primo Darcy havia convidado um amigo, um jovem e talentoso acordeonista. Após a refeição, quando o aroma do café ainda pairava no ar, o músico começou a dedilhar seu instrumento, enchendo a sala com melodias envolventes. De repente, os olhos do tio Davi brilharam com uma ideia. Ele se voltou para o acordeonista e perguntou: "Você conhece 'La Cumparsita'?" Com um sorriso e um aceno afirmativo, o jovem começou a tocar os primeiros acordes daquele tango icônico. Tio Davi, então, estendeu a mão para Nancy, convidando-a para dançar. A "La Cumparsita", conhecida como o "Hino dos Tangos", era mais que uma simples música; era uma forma de expressão artística que tocava a alma e despertava emoções profundas, prestes a transportar Nancy para um mundo de paixão e graciosidade que ela ainda não conhecia.

Nancy hesitou por um momento, seus olhos arregalados de surpresa e um leve rubor tingindo suas bochechas. "Mas tio," ela protestou suavemente, "eu nunca dancei tango antes."

Tio Davi sorriu gentilmente, seus olhos brilhando com afeto e encorajamento. "Não se preocupe, minha querida. Eu te ensino. O tango é como a vida - você aprende enquanto dança."

Com um misto de nervosismo e curiosidade, Nancy colocou sua mão na de seu tio. O acordeonista, percebendo o momento especial que estava prestes a acontecer, começou a tocar os primeiros compassos de "La Cumparsita" com ainda mais sentimento.

Tio Davi guiou Nancy para o centro da sala, onde um espaço havia sido aberto entre os móveis. Os outros convidados se afastaram, formando um círculo ao redor do par improvisado, seus rostos uma mistura de expectativa e ternura.

"Agora," sussurrou Tio Davi, "sinta a música. Deixe-a fluir através de você. O tango é uma conversa silenciosa entre dois corpos."

Nancy fechou os olhos por um momento, deixando as notas melancólicas e apaixonadas do acordeão penetrarem em seu ser. Quando os abriu novamente, algo havia mudado. Era como se uma chama tivesse sido acesa dentro dela.

Os primeiros passos foram hesitantes, Nancy olhando para seus pés, tentando não pisar nos de seu tio. Mas aos poucos, guiada pela experiência de Tio Davi e embalada pela melodia hipnotizante, ela começou a se soltar.

Um, dois, três... pausa. Um, dois, três... giro. O ritmo começou a fluir através dela como uma corrente elétrica. A sala ao seu redor desapareceu, e por um momento mágico, Nancy se viu transportada para um salão de baile em Buenos Aires, as luzes baixas, o ar carregado de romance e mistério.

Enquanto dançavam, Nancy sentiu uma transformação ocorrer dentro de si. Cada passo, cada giro, cada olhar trocado com seu tio era uma revelação. O tango não era apenas uma dança; era uma linguagem, uma forma de expressão que falava diretamente à alma.

Foi então, no meio de um giro particularmente gracioso, que Nancy notou algo pelo canto do olho. O jovem acordeonista a observava com uma intensidade que a fez perder o fôlego por um instante. Seus olhos se encontraram brevemente, e Nancy sentiu um arrepio percorrer sua espinha. Havia algo naquele olhar - uma mistura de admiração, curiosidade e algo mais profundo que ela não conseguia nomear.

Quando a música finalmente chegou ao fim, Nancy estava ofegante, suas bochechas coradas não apenas pelo esforço físico, mas pela emoção da experiência. Os convidados aplaudiram entusiasticamente, mas Nancy mal os ouvia. Ela havia descoberto algo novo sobre si mesma - uma graça e uma paixão que não sabia que possuía.

Agradecendo a seu tio com um abraço apertado, Nancy se afastou para recuperar o fôlego. Mas enquanto se movia para o canto da sala, ela não pôde deixar de notar que o olhar do jovem acordeonista a seguia. Havia uma promessa silenciosa naqueles olhos, uma história ainda não contada que fazia seu coração bater mais rápido.

Naquela tarde de domingo, em meio ao aroma de café e aos acordes de um tango, algo havia mudado para Nancy. Uma nova página de sua vida havia sido virada, e ela mal podia esperar para descobrir o que o próximo capítulo reservava.

8

"Acordes do Coração"

O verão em Bebedouro trazia consigo não apenas o aroma doce das laranjas, mas também uma nova melodia para a vida de Nancy. Desde aquela tarde de domingo em que dançara tango pela primeira vez, seus dias haviam se transformado em um turbilhão de emoções, todas elas orquestradas pela presença de Miro, o jovem acordeonista.

Miro era um descendente de italianos, alto e esguio, com olhos profundos que pareciam enxergar a alma de Nancy. Sua música era envolvente, mas era seu olhar que realmente a cativava. No entanto, havia um obstáculo entre eles: Miro tinha uma namorada.

Apesar disso, Miro parecia determinado a se aproximar de Nancy. Ele aparecia "por acaso" na hora do almoço, nos lugares que ela frequentava, sempre com aquele olhar intenso que a fazia questionar tudo o que pensava saber sobre o amor.

Nancy se via dividida. Seu coração acelerava a cada encontro, mas sua consciência a repreendia. "Ele tem uma namorada", lembrava a si mesma, tentando manter uma distância respeitosa.

Um dia, Nancy e suas primas decidiram fazer uma viagem de trem para a cidade vizinha. Seu primo Darcy, inocentemente, mencionou os planos a Miro. Quando Nancy embarcou no trem naquela manhã, seu coração quase parou ao ver Miro ali, sorrindo como se seu encontro fosse mera coincidência.

Durante a viagem, eles conversaram e riram, compartilhando histórias. Nancy sentia-se dividida entre a alegria de estar com ele e a culpa por desfrutar da companhia de um homem comprometido. Quando o trem chegou à estação de volta, a realidade os atingiu: a namorada de Miro o esperava na plataforma.

Nancy saiu rapidamente do trem, sentindo uma mistura de vergonha e tristeza. Ela jurou a si mesma que precisava pôr um fim naquela situação confusa.

As semanas se passaram, e a tensão entre Nancy e Miro continuava a crescer. Cada olhar trocado, cada nota tocada no acordeão, parecia carregar o peso de palavras não ditas e sentimentos reprimidos.

Nancy sabia que uma decisão precisava ser tomada. Seu coração ansiava por Miro, mas sua integridade exigia honestidade. Ela esperava que, quando o momento chegasse, teria a coragem de fazer a escolha certa, não apenas para si, mas para todos os envolvidos.

9

"Escolhas e Destinos"

A noite da quermesse na igreja marcou um ponto de virada na vida de Nancy. O ar estava carregado com o aroma de quitutes e a expectativa de algo importante prestes a acontecer.

Quando Miro apareceu no portão da casa de Nancy, sua figura alta recortada contra o céu estrelado, ela sentiu que era hora da verdade. Reunindo toda sua coragem, ela o enfrentou:

"Miro, precisamos resolver isso", disse ela, sua voz firme apesar do tremor em seu coração. "Não podemos continuar assim. Você precisa escolher. Se for eu, fique aqui agora. Se for ela, vá embora. Mas, por favor, seja honesto."

O silêncio que se seguiu pareceu durar uma eternidade. Nancy podia ouvir o som distante da quermesse, o sussurro do vento nas árvores, e o bater acelerado de seu próprio coração.

Então, com um passo decidido, Miro cruzou o portão.

"Nancy", disse ele, sua voz carregada de emoção, "eu te amo desde o primeiro momento em que te vi. Não posso mais negar isso. Escolho você."

Nancy sentiu uma onda de alívio e alegria, mas também de apreensão. "E sua namorada?"

Miro baixou os olhos, a culpa evidente em seu rosto. "Eu sei que errei em não terminar antes. Vou falar com ela imediatamente, com honestidade e respeito. Você merece um começo limpo, Nancy. Nós merecemos."

Naquele momento, sob as estrelas e ao som distante da quermesse, Nancy sentiu seu coração se alinhar com o de Miro. Era como se todas as dúvidas e conflitos dos últimos meses tivessem sido apenas preparação para este instante.

"Eu também te amo, Miro", ela respondeu, sua voz suave mas firme. "Mas precisamos fazer as coisas do jeito certo. Resolva tudo primeiro. Só então poderemos começar nossa história juntos."

Miro assentiu, compreendendo a integridade de Nancy. "Você está certa. Farei isso agora mesmo. E então, voltarei para você, para construirmos nosso futuro juntos."

Nos dias que se seguiram, Nancy se viu em um turbilhão de emoções. Havia a alegria de um amor correspondido, mas também a ansiedade da espera e a preocupação com os sentimentos dos outros envolvidos.

Quando Miro finalmente retornou, livre de compromissos anteriores e com o coração aberto, Nancy sentiu que uma nova fase de sua vida estava começando.

10

"Bênçãos de Amor e União"

A ansiedade de Miro era palpável enquanto ele se preparava para ir à Fazenda Paiol. Determinado a oficializar seu relacionamento com Nancy, ele estava decidido a pedir a bênção dos pais dela. Nancy, por sua vez, sentia uma mistura de nervosismo e excitação ao instruí-lo sobre como chegar à fazenda.

"Você pega o trem até Pitangueiras e, de lá, um ônibus até a Fazenda Paiol," explicou ela, seus olhos brilhando de expectativa. "Descendo na fazenda, do lado direito, passando a porteira, há um campo de futebol. Após o campo, é a casa dos meus pais. Avisarei que um moço chegará para conversar com eles e me pedir em namoro."

O dia em que Miro conheceu os pais de Nancy foi marcante. Chegando à fazenda, ele respirou fundo, ajustou a postura e caminhou decidido até a porta. Seu João Felipe, um homem educado e amável, recebeu-o com um aperto de mão firme. Dona Palmira Clé, com um sorriso acolhedor, logo os convidou a entrar.

Miro, sempre falante e alegre, iniciou a conversa com uma sinceridade que cativou os pais de Nancy. "Vim aqui hoje para pedir a bênção de vocês," disse ele, olhando diretamente nos olhos de seu João Felipe. "Peço desculpas por vir sem aviso prévio, mas amo Nancy e gostaria de namorá-la com a permissão de vocês."

Seu João Felipe, com um olhar avaliativo, ouviu atentamente. "Quero que ande sempre direito com minha filha," aconselhou ele, sua voz firme mas gentil.

Miro assentiu com convicção. "Da minha parte, o senhor pode ficar tranquilo. Respeitarei muito sua filha."

Com a bênção concedida, a tensão no ar se dissipou, dando lugar a uma tarde de conversas animadas. Miro compartilhou seus planos para o futuro, e a família de Nancy ficou encantada com seu entusiasmo e ambição. Após o almoço, todos se dirigiram ao campo de futebol para assistir a um jogo, onde risadas e aplausos ecoaram pelo ar.

Ver Miro interagir tão bem com sua família fez com que Nancy se apaixonasse ainda mais. Ao entardecer, ele se despediu, prometendo voltar em breve. Enquanto retornava a Bebedouro, seu coração estava leve e feliz, cheio de esperança para o futuro.

Pouco mais de um ano depois, Nancy e Miro finalmente se casaram. À medida que os preparativos para o casamento avançavam, Nancy refletia sobre o caminho que a trouxera até ali. Cada experiência, cada desafio, cada escolha a havia moldado e preparado para este momento.

O dia do casamento amanheceu radiante, como se o próprio céu estivesse celebrando sua união. Seu João Felipe havia encomendado uma fartura de comida e bebida, garantindo que todos fossem bem servidos. Dona Palmira Clé preparou um bolo magnífico de três andares, coberto de glacê branco e enfeitado com delicadas florzinhas de açúcar. Havia também uma variedade de doces que lembravam a infância de Nancy: doce de leite, coco, goiabada, mamão e abóbora.

A casa de seu João Felipe e dona Palmira estava lindamente decorada, pronta para receber os convidados. O casamento foi realizado na sala principal, onde o padre e o cartorário conduziram tanto a cerimônia religiosa quanto o casamento civil.

Às três horas da tarde, Nancy caminhou em direção ao altar improvisado, o coração transbordando de gratidão. Cada passo de sua jornada a havia trazido até aqui, até Miro, que a esperava com amor e emoção nos olhos.

O momento do "sim" foi mágico. Nancy, olhando nos olhos de Miro, sentiu uma onda de amor e certeza. "Sim, eu aceito," disse ela, sua voz firme e cheia de emoção.

Miro, com um sorriso que iluminava seu rosto, respondeu com igual fervor: "Sim, eu aceito."

Após a cerimônia, a celebração continuou com muita comida, bebida, cantoria e dança. Amigos e familiares se juntaram aos noivos, celebrando o amor e a união de Nancy e Miro até o final da tarde.

Finalmente, exaustos mas felizes, os noivos se retiraram para sua lua de mel, prontos para começar sua nova vida juntos. A jornada que haviam iniciado juntos estava apenas começando, e ambos sabiam que, com amor e respeito, poderiam enfrentar qualquer desafio que o futuro lhes reservasse.

11

"Novas Vidas, Novas Esperanças"

Após o casamento, Nancy e Miro se estabeleceram em Bebedouro, onde começaram a construir sua vida juntos. Nancy deixou seu trabalho para se dedicar à nova família que estavam formando. A casa deles era pequena, mas cheia de amor e sonhos para o futuro.

Dois anos se passaram e, um dia, Nancy começou a sentir enjoos e percebeu que sua menstruação estava atrasada. Com esperança e ansiedade, ela e Miro foram ao laboratório para confirmar o que já suspeitavam: Nancy estava grávida. A notícia trouxe uma onda de felicidade ao casal, que passou a sonhar com o futuro ao lado do novo membro da família.

Durante a gestação, Nancy e Miro compartilhavam momentos de alegria e expectativa, preparando-se para a chegada do bebê. No entanto, o destino tinha outros planos. Durante o parto, complicações surgiram, e o menino não sobreviveu. A tristeza que se abateu sobre eles foi profunda, um silêncio doloroso preenchendo os espaços onde antes havia risos e planos.

O tempo, porém, trouxe consigo a cura e a esperança. A dor da perda foi lentamente substituída pela expectativa de uma nova vida. Quando Nancy engravidou novamente, ela e Miro sentiram um renascimento de esperança. Desta vez, a gestação transcorreu sem complicações, e o casal foi abençoado com o nascimento de Fabiola, uma menina forte e sorridente. Seus cabelos escuros logo começaram a adquirir um tom avermelhado, como os de Nancy, um lembrete constante da força e resiliência de sua mãe.

Miro, além de ser um talentoso acordeonista, trabalhava como pedreiro, dedicando-se com afinco para prover sua família. Ele se tornava cada vez mais conhecido na comunidade, não apenas por sua música, mas também por sua habilidade e ética de trabalho.

Três anos e meio se passaram, e Nancy novamente sentiu os sinais familiares de uma nova gravidez. Durante as consultas de pré-natal, o médico frequentemente escutava sua barriga de ambos os lados, o que despertou a curiosidade de Nancy. "Doutor, por que o senhor escuta dos dois lados?" ela perguntou. "Porque o bebê tem um coração muito forte e consigo ouvi-lo de ambos os lados," ele respondeu, com um sorriso enigmático.

Quando as contrações começaram, Nancy foi prontamente levada ao hospital. Na sala de parto, já na mesa de cirurgia, o médico, com uma calma surpreendente, assoviava e cantarolava enquanto aguardava o nascimento. Quando finalmente nasceu Jaqueline, uma linda menina de cabelos ruivos, Nancy sentiu uma alegria indescritível.

Ainda na mesa, Nancy notou que o médico continuava seu ritual de assoviar e cantarolar, o que a deixou intrigada. "Doutor, por que o senhor está me deixando aqui?" ela perguntou, ansiosa. O médico, com um sorriso tranquilo, respondeu: "Calma, Dona Nancy, muita calma, ainda vem outro."

Surpresa, Nancy exclamou: "Mas o senhor nunca me disse isso!" O médico riu suavemente e disse: "Não quis assustá-la." E logo veio Fernando, um menino saudável, que arrancou risadas e lágrimas de alegria de todos na sala.

Na sala de espera, Miro, ao receber a notícia, pulou de alegria. Ele agradeceu a Deus pela saúde de sua amada e dos filhos, sentindo-se o homem mais sortudo do mundo.

Dois dias depois, a família estava em casa, cercada pelo carinho de amigos e familiares. A casa, agora mais cheia, ressoava com os sons de risos infantis e o suave acordeão de Miro, que compunha canções de ninar para seus filhos.

Nancy, olhando para sua família, sentiu uma paz profunda. Apesar das dificuldades e das perdas, a vida havia lhes concedido a dádiva de três filhos maravilhosos. Cada dia era uma nova aventura, uma nova melodia na sinfonia de suas vidas.

E assim, com amor e resiliência, Nancy e Miro continuaram a compor sua história, uma nota de cada vez, encontrando força nos desafios e alegria nas pequenas coisas. A vida seguia seu curso, e eles estavam prontos para cada novo compasso dessa dança chamada vida.

12

"O Milagre de Natal: Uma Jornada Celestial"

O aroma de pinheiro e canela preenchia a casa dos pais de Nancy, misturando-se com as risadas e conversas animadas da família reunida para celebrar o Natal. Era um dia especial, não apenas pela data festiva, mas pela alegria compartilhada em homenagem ao aniversário de Jesus.

No entanto, a felicidade de Nancy foi subitamente interrompida quando encontrou seu filho Fernando ardendo em febre. O pânico inicial deu lugar à preocupação materna, e logo ela e Miro decidiram voltar para casa com a criança doente.

"Vamos embora para casa, pois o menino está queimando em febre", Nancy disse a Miro, sua voz tremendo de preocupação.

Já passava das oito da noite quando chegaram em casa. Nancy, com o coração apertado, deu um banho morno em Fernando e o colocou na cama. Enquanto o resto da família adormecia, ela permanecia vigilante ao lado do filho, rezando silenciosamente por sua recuperação.

Foi então que algo extraordinário aconteceu. Duas figuras etéreas atravessaram as paredes do quarto, chamando por Nancy. "Anda, você foi convidada para a festa!", disseram eles.

Nancy, confusa e assustada, protestou: "Não, meu filho está muito ruim, com muita febre."

Mas as figuras a tranquilizaram, apontando para um médico espiritual que agora estava ao lado da cama de Fernando. "Pode ir tranquilamente. Eu cuido dele e vou aplicar o melhor remédio", disse o médico com um sorriso reconfortante.

Hesitante, mas confiante na proteção divina, Nancy se viu atravessando a parede de seu quarto, iniciando uma jornada incrível pelos céus. Ela volitava ao lado de seus guias espirituais, subindo cada vez mais alto, deixando a Terra para trás.

No auge de sua ascensão, Nancy vislumbrou um portão imenso se abrindo. Além dele, uma multidão cantava em harmonia celestial. Lágrimas de emoção corriam pelo seu rosto quando lhe foi revelado: "Você foi convidada para a festa do aniversário de Jesus."

A experiência era tão vívida, tão real, que Nancy sabia que não podia ser um sonho. Ela se viu imersa em uma celebração de amor e luz, uma festa que transcendia qualquer coisa que já havia experimentado na Terra.

Quando a celebração chegou ao fim e os convidados começaram a se dispersar, Nancy sentiu uma profunda gratidão. Enquanto volitava de volta à Terra, seu coração transbordava de amor e admiração pelo que havia testemunhado.

Ao atravessar as paredes de seu quarto, Nancy foi recebida por uma visão que a deixou estarrecida: o médico espiritual sorria ao lado da cama de Fernando, anunciando: "Graças a Deus, ele está curado, não tem mais um pingo de febre."

Tomada pela emoção, Nancy caiu de joelhos, lágrimas de gratidão escorrendo por seu rosto. "Obrigado, Divino Jesus", ela sussurrou, "por tudo que o Senhor fez por mim, pelo meu filho e pela minha família."

Naquela noite de Natal, Nancy experimentou um milagre que fortaleceu sua fé e expandiu sua compreensão do amor divino. A festa celestial e a cura milagrosa de seu filho se tornaram um testemunho poderoso do poder da fé e da intervenção divina em sua vida.

Daquele dia em diante, o Natal ganhou um significado ainda mais profundo para Nancy. Não era apenas uma celebração terrena, mas um lembrete anual da conexão direta entre o céu e a terra, do amor incondicional de Jesus, e dos milagres que podem acontecer quando abrimos nossos corações para a graça divina.

13

"O Caminho do Perdão: Uma Prece do Coração"

A noite caía sobre Bebedouro, envolvendo a cidade em um manto de sombras e silêncio. Nancy estava sentada em seu balanço na garagem de casa, o rosto marcado por lágrimas recentes, o coração pesado com dores que pareciam impossíveis de suportar. Os eventos recentes haviam abalado sua fé na bondade das pessoas, deixando-a à beira de um abismo de amargura e ressentimento.

Com mãos trêmulas, ela pegou seu diário e uma caneta. Sabia que precisava encontrar um caminho para a cura, não apenas para si mesma, mas para preservar tudo o que acreditava e ensinava. Respirando fundo, ela começou a escrever, transformando sua dor em uma prece sincera e comovente:

"Meu Deus, hoje me encontro aqui com o coração dilacerado e a alma ferida..."

As palavras fluíam, carregadas de emoção. Nancy derramava no papel toda a angústia que sentia, toda a dor causada por aqueles que, em sua ignorância ou maldade, haviam ferido tão profundamente.

"Olho para trás e vejo o quanto restou da esperança que um dia nutri por um futuro pleno e feliz..."

Enquanto escrevia, Nancy se lembrou de todos os momentos de alegria e esperança que havia vivido - os dias ensolarados na fazenda, as noites de dança em Pitangueiras, o amor que compartilhara com seu marido. Essas memórias, agora tingidas de melancolia, pareciam distantes e quase irreais.

Mas à medida que sua prece avançava, algo começou a mudar dentro dela. As palavras que escrevia não eram apenas um lamento, mas um pedido de transformação:

"Por isso, e por não me caber julgamento de qualquer ordem, venho humildemente à Tua presença rogar: não deixes que eu me contamine..."

Nancy sentiu uma onda de calor percorrer seu corpo. Era como se cada palavra escrita fosse um passo em direção à luz, afastando-a das sombras da amargura.

"Que eu consiga ver neles irmãos doentes e credores, por que não? Da medicação silenciosa da piedade e da compaixão!"

Lágrimas voltaram a cair, mas agora eram diferentes. Não eram mais lágrimas de dor, mas de libertação. Nancy percebeu que, ao pedir força para perdoar, estava na verdade curando a si mesma.

Ao terminar sua prece, Nancy sentiu como se um peso enorme tivesse sido tirado de seus ombros. O quarto ao seu redor parecia mais claro, como se a própria luz divina estivesse respondendo ao seu chamado.

"Põe o perdão em meu coração e em meus lábios. Assim sendo, guarda-me do mal que ainda possa me impingir, na medida do meu merecimento."

Com estas palavras finais, Nancy fechou seu diário. Ela se levantou e caminhou até a janela, olhando para o céu estrelado. O mundo lá fora ainda era o mesmo, com todos os seus desafios e injustiças, mas algo dentro dela havia mudado profundamente.

Naquela noite, Nancy adormeceu com um sorriso suave nos lábios. Ela sabia que o caminho do perdão não seria fácil, mas havia dado o primeiro passo. E com cada passo nessa jornada, ela se aproximava mais da paz e da sabedoria que sempre buscara.

14

"Palavras de Serenidade"

O sol da tarde se filtrava pelas cortinas rendadas, lançando padrões suaves sobre o caderno aberto no colo de Nancy. Com a caneta em mãos, ela começou a escrever, não uma história desta vez, mas um mantra pessoal - palavras para mentalizar nos momentos de dúvida ou dificuldade.

"Graças à minha fé, não tenho inquietações", escreveu ela, sentindo cada palavra ressoar em seu coração. Nancy refletiu sobre como essa fé a havia sustentado ao longo dos anos, através das alegrias e das tristezas, das vitórias e das perdas.

Enquanto as palavras fluíam, Nancy se lembrou de momentos específicos em sua vida onde essa serenidade fora testada. Houve o dia em que, durante uma pesca a beira do lago, ela perdera seu molinete de pesca favorito - um presente de seu marido - enquanto ajudava a armar um guarda-sol. Por um instante, a frustração ameaçara tomar conta, mas ela respirara fundo, lembrando-se de sua conexão com algo maior.

"Não sinto temor", continuou ela, "pois dentro de mim existe um amor infinito e uma fé inabalável." Essas não eram apenas palavras bonitas para Nancy; eram verdades vividas, forjadas nas experiências de uma vida inteira.

Ela pensou em todas as vezes em que ouvira coisas que a magoaram, em que se sentira momentaneamente descontrolada diante das injustiças da vida. Mas sempre, sem falta, encontrara o caminho de volta à sua paz interior, à sua sintonia com Deus.

Nancy sorriu ao escrever sobre transformar "o grande inseto em algo pequeno". Lembrou-se de como aprendera, ao longo dos anos, a não se deixar abalar por pequenos contratempos, a ver a verdade além das aparências, a manter-se conectada à "fonte infinita da sabedoria".

Concluindo seu mantra, Nancy expressou sua gratidão. Gratidão pela luz que iluminava seu caminho, pela fé e coragem que a sustentavam, pelo amor infinito que sentia emanar de Deus.

Ao fechar o caderno, Nancy sentiu uma onda de serenidade a envolver. Estas palavras, nascidas de uma vida de experiências e reflexões, eram mais do que simples afirmações. Eram um testemunho de sua jornada espiritual, um lembrete constante da paz que havia encontrado e que desejava compartilhar com o mundo.

Levantando-se, Nancy caminhou até a janela. Lá fora, a vida continuava seu curso - crianças brincavam, vizinhos conversavam, o vento sussurrava entre as folhas das árvores. E em meio a tudo isso, Nancy se sentia profundamente conectada, em paz, pronta para enfrentar qualquer desafio que a vida pudesse apresentar.

Com um sorriso sereno, ela se afastou da janela, pronta para retornar aos seus afazeres diários. Mas agora, cada tarefa, cada interação, seria iluminada por essas palavras de sabedoria que havia destilado ao longo de uma vida rica em experiências e aprendizados.

15

"No Cume da Montanha: Reflexões de uma Vida"

Nancy encontrava-se no limiar de um novo ano, as últimas horas de 2007 se esvaindo como grãos de areia em uma ampulheta. Em sua mente, ela se via no topo de uma montanha metafórica, uma posição privilegiada que lhe permitia contemplar o vasto panorama de sua existência.

Diante dela, o horizonte se dividia em duas janelas distintas: o passado e o futuro. Cada uma oferecia uma perspectiva única, carregada de emoções e reflexões profundas.

Na janela do passado, Nancy via um mosaico de experiências: lutas que a fortaleceram, corridas que a desafiaram, momentos de espera que testaram sua paciência, lágrimas que purificaram sua alma e alegrias que iluminaram seu caminho. Essa retrospectiva lhe trouxe uma lição valiosa: a vida, assim como uma construção sólida, se faz tijolo por tijolo, exigindo um alicerce firme de valores e princípios.

Ela reconhecia que os vendavais da vida, embora por vezes devastadores, eram passageiros. Mesmo deixando cicatrizes, essas tempestades haviam sido cruciais para seu crescimento. Nancy aprendera a encontrar força e conforto na fé, segurando-se nas mãos de Deus nos momentos mais turbulentos. Essa conexão espiritual lhe dera a coragem para perdoar, reconhecendo sua própria falibilidade no processo.

Ao voltar seus olhos para a janela do futuro, Nancy sentia uma mistura de expectativa e apreensão. O horizonte à sua frente estava repleto de possibilidades: tarefas a realizar, razões para ser grata e lições ainda por aprender. A vastidão dessas perspectivas a deixava atônita, quase extasiada pela magnitude do que ainda estava por vir.

Nesse momento de contemplação, dúvidas começaram a surgir em seu coração. Teria ela cumprido sua missão na Terra? Qual seria, afinal, o propósito de sua existência? As falhas e erros cometidos ao longo do caminho pesavam em sua consciência, assim como as oportunidades perdidas, as coisas que deixara de fazer.

Em um gesto de humildade e contrição, Nancy elevou uma prece ao Pai Celestial. Pediu perdão por suas faltas, reconhecendo sua imperfeição diante da perfeição divina. Rogou pela luz do amor de Deus para iluminar seus passos futuros, guiando-a sempre pelo caminho correto.

Seu desejo mais profundo era desenvolver a capacidade de enxergar cada pessoa como um verdadeiro irmão, nutrindo sentimentos de bem-estar e paz para todos, respeitando o merecimento individual de cada um. Esta aspiração refletia sua compreensão da interconexão de todas as almas e seu anseio por uma existência mais harmoniosa e compassiva.

Concluindo sua reflexão, Nancy reafirmou seu amor pela vida e sua devoção a Deus. Com o coração transbordando de gratidão, ela reconhecia o amor e a misericórdia divinos que a haviam guiado até aquele momento. Sua prece final era um desejo de que essa bênção se estendesse eternamente, não apenas para ela, mas para toda a humanidade.

Este momento de introspecção no cume da montanha metafórica representa um ponto crucial na jornada espiritual de Nancy. É um testemunho de sua maturidade, sabedoria e profunda conexão com o divino. Suas reflexões oferecem insights valiosos sobre a natureza da vida, a importância da fé e o poder transformador do amor e do perdão.

16

"A Jornada: Lições de Uma Vida"

Nancy sentou-se em sua cadeira favorita, a luz do entardecer banhando a sala com um brilho dourado. Com um suspiro profundo, ela pegou sua caneta e um caderno novo, sentindo o peso dos anos e da sabedoria acumulada em suas mãos.

"Não é minha intenção traçar normas", começou ela a escrever, "mas apenas sugerir algumas regras sobre o comportamento de um cristão." Nancy fez uma pausa, refletindo sobre todas as experiências que a levaram a este momento. Cada palavra que escrevia era fruto de uma vida inteira de aprendizados, desafios superados e lições duramente conquistadas.

Enquanto a caneta deslizava sobre o papel, Nancy se lembrou dos momentos que testaram sua paciência - os dias difíceis, as esperas ansiosas por notícias de entes queridos, os desafios de construir uma vida ao lado de seu amado marido. "Meu desejo é que você aprenda a esperar", ela escreveu, "pois a paciência educa o espírito e traz ao coração muita paz."

Pensamentos sobre as vezes em que a raiva ameaçou dominá-la vieram à tona. Nancy lembrou-se do dia em que perdeu seu molinete de pesca favorito e de como aprendeu a transformar a frustração em aceitação. "Não se irrite nunca", aconselhou, "a ira envenena o espírito e o coração, preenchendo o caminho da vida com espinhos."

Ao escrever sobre a importância da fé, Nancy sentiu uma onda de gratidão por todas as vezes em que sua crença em Deus a sustentou. Lembrou-se das noites de dança em Pitangueiras, das alegrias simples na fazenda, e até mesmo dos momentos de perda e dor que, em retrospecto, fortaleceram sua conexão com o divino.

"Não julgue seu semelhante", escreveu ela, recordando-se das vezes em que aprendeu a importância da empatia e da compreensão. As lições de amor e perdão que adquiriu ao longo dos anos fluíam de sua caneta, cada palavra carregada de experiência vivida.

Nancy sorriu ao escrever sobre o amor como o fermento da vida. Pensou em todos os relacionamentos que enriqueceram sua jornada - família, amigos, colegas de trabalho, e até mesmo estranhos que cruzaram seu caminho deixando lições valiosas.

Concluindo suas reflexões, Nancy escreveu: "O mundo é como um espelho: devolve a cada pessoa o reflexo de seus próprios pensamentos." Ela pousou a caneta, sentindo que havia destilado a essência de sua jornada nestas palavras.

Olhando pela janela, Nancy viu o sol se pondo, pintando o céu com cores vibrantes. Assim como aquele pôr do sol, sua vida havia sido uma tapeçaria rica em cores e experiências. E agora, neste crepúsculo de sua jornada, ela oferecia estas palavras como um farol para aqueles que ainda estavam no meio de sua própria viagem pela vida.

Com um sorriso sereno, Nancy fechou o caderno, sentindo que havia capturado a essência de suas experiências de vida. Mas, enquanto refletia, percebeu que havia mais a dizer. Reabriu o caderno e, com renovada inspiração, começou a anotar pensamentos adicionais - pequenas pérolas de sabedoria que haviam se cristalizado ao longo dos anos.

"Pensamentos", escreveu ela no topo da página, e então continuou:

"Em primeiro lugar, aprenda a esperar, pois a paciência educa o espírito e traz muita paz ao coração."

Nancy sorriu, lembrando-se de todas as vezes em que a paciência havia sido sua maior aliada. Continuou escrevendo:

"Procure sempre ser você mesmo; nunca se esforce por uma aparência que não é sua. Não se irrite nunca; a ira envenena o espírito."

Ela pensou em como aprendera a aceitar-se e a manter a calma mesmo nas situações mais desafiadoras.

"A tristeza precisa ser combatida, pois sempre destrói nossas forças e nunca resolve nenhum dos nossos problemas."

Nancy lembrou-se dos momentos difíceis que enfrentara e como a resiliência a ajudara a superá-los.

À medida que escrevia cada pensamento, memórias de sua vida fluíam através dela - os dias na fazenda, as noites de dança, os desafios no trabalho, os momentos de alegria com a família. Cada experiência havia contribuído para estas reflexões.

"O trabalho dignifica o homem e purifica a alma", escreveu ela, lembrando-se dos dias na Frutesp, do trabalho árduo de seu amado Miro e de como este trabalho sempre lhes trouxera satisfação.

Ao chegar ao final de suas anotações, Nancy escreveu:

"Mantenha viva a sensação da presença de Deus dentro de você."

Ela pausou, sentindo a profundidade desta última afirmação. Era esta presença divina que a havia guiado através de toda sua jornada, e era esta a mensagem final que ela queria deixar.

Nancy fechou o caderno novamente, desta vez com um sentimento de completude. Estas palavras, nascidas de uma vida de experiências, eram seu legado - não apenas para sua família, mas para todos aqueles cujas vidas ela havia tocado e continuaria a tocar através de suas histórias e ensinamentos.

17

"Orações e Reflexões"

O sol se punha em Pitangueiras, lançando um brilho dourado através da janela do quarto de Nancy. Sentada em sua cadeira favorita, ela segurava em suas mãos um caderno gasto, suas páginas amareladas pelo tempo, mas preenchidas com a sabedoria de uma vida inteira.

Nancy abriu o caderno, seus olhos percorrendo as palavras que havia escrito anos atrás. Era uma oração, uma que ela havia composto em um momento de profunda conexão espiritual. Com voz suave, ela começou a ler em voz alta:

"Deus, nosso Pai, voz que sois todo poder e bondade..."

Enquanto lia, Nancy sentiu uma onda de emoção percorrer seu corpo. Cada palavra ecoava com as experiências de sua vida - os momentos de alegria e de dor, as vitórias e os desafios que havia enfrentado ao longo dos anos.

"...Se um raio, uma faisca do vosso amor, pode abraçar a Terra, deixai-nos beber nas fontes desta bondade fecunda e infinita, e todas as lágrimas secarão, todas as dores acalmar-se-ão."

Ela fez uma pausa, refletindo sobre como essa oração havia sido um farol em momentos de escuridão, uma fonte de força quando ela mais precisava.

Virando a página, Nancy encontrou outra série de escritos - conselhos que ela havia compilado ao longo dos anos, destilados de suas próprias experiências e dos ensinamentos que havia recebido.

"A Paz do Senhor Jesus", ela leu o título, e então continuou:

"Não desanime. Persista mais um pouco; 'você vencerá'. Não cultive o pessimismo. Centralize-se no bem a fazer."

Nancy sorriu, lembrando-se de todas as vezes em que essas palavras haviam sido seu mantra, guiando-a através de tempos difíceis.

"Esqueça as sugestões do medo destrutivo. Siga adiante, mesmo atravessando a sombra dos próprios erros. Avance, ainda que seja entre lágrimas. Trabalhe constantemente; edifique sempre."

Cada frase trazia à tona memórias - os dias na fazenda, as noites de dança em Pitangueiras, os desafios no trabalho, os momentos de alegria com a família, e até mesmo as perdas que havia enfrentado.

"Ame sempre, fazendo pelos outros o melhor que puder realizar. Aja auxiliando. Sirva sem apego, pois agindo assim, você vencerá."

Ao terminar de ler, Nancy fechou o caderno, sentindo uma profunda sensação de paz e gratidão. Estas palavras, nascidas de uma vida de experiências, eram mais do que simples orações ou conselhos. Eram um testamento de sua jornada espiritual, um legado que ela esperava poder passar adiante.

Levantando-se, Nancy caminhou até a janela. O céu agora estava pintado com as cores do crepúsculo, um espetáculo que sempre a enchia de admiração. Ela pensou em todas as pessoas que haviam cruzado seu caminho ao longo dos anos - família, amigos, estranhos que se tornaram queridos. Cada um deles havia contribuído para a sabedoria que ela agora possuía.

Com um sorriso sereno, Nancy fez uma silenciosa oração de agradecimento. Pela vida que havia vivido, pelas lições que havia aprendido, e pela oportunidade de compartilhar essa sabedoria com os outros. Ela sabia que seu legado não estava apenas nas palavras escritas em um caderno, mas nas vidas que havia tocado e nas sementes de amor e compaixão que havia plantado ao longo do caminho.

Enquanto as estrelas começavam a pontilhar o céu noturno, Nancy sentiu uma profunda certeza de que, não importava o que o futuro reservasse, a luz do amor divino sempre iluminaria o caminho. E com esse pensamento reconfortante, ela se preparou para mais um dia, pronta para viver cada momento com gratidão, fé e amor incondicional.

18

"A Luz Interior: Lições de Amor e Compreensão"

Com o passar dos anos, Nancy havia acumulado não apenas memórias, mas uma profunda sabedoria que ela ansiava por compartilhar. Sentada em sua cadeira favorita, com um caderno gasto em seu colo, ela começou a escrever, destilando décadas de experiências em palavras de orientação para as gerações futuras.

"Que a Luz de Deus esteja sempre presente em nossas vidas", ela escreveu, sua caneta deslizando suavemente sobre o papel. Nancy refletiu sobre como essa luz havia guiado seus passos ao longo dos anos, desde os dias de infância na fazenda até os momentos de alegria e tristeza que moldaram sua vida adulta.

Continuando, ela enfatizou a importância de tratar os outros com a mesma gentileza e respeito que desejamos para nós mesmos. Nancy lembrou-se das vezes em que julgara precipitadamente, apenas para descobrir mais tarde que estava projetando suas próprias inseguranças nos outros.

"Quando alguém nos ofende", ela ponderou, "é essencial refletir: essa pessoa realmente nos ofendeu ou será que o nosso próprio reflexo a atingiu?" Esta lição, aprendida através de inúmeros encontros e desencontros ao longo de sua vida, havia se tornado um pilar de sua filosofia pessoal.

Nancy pensou em seus dias na Fazenda, nas interações com familiares e vizinhos e nas complexidades dos relacionamentos humanos. Ela reconheceu como, muitas vezes, as diferenças entre as pessoas podem levar a mal-entendidos e ofensas não intencionais.

"Somos Luz", ela escreveu com convicção, "e onde há Luz, não pode haver trevas." Esta afirmação ecoava sua crença inabalável no potencial divino dentro de cada indivíduo, uma crença que a sustentara nos momentos mais sombrios de sua vida.

Refletindo sobre as provações que enfrentara - a perda de seu amado Miro, os sonhos adiados, os desafios diários - Nancy encontrou conforto na certeza de que tudo na vida é transitório. "Nesta vida, tudo passa", ela observou, "e estamos aqui apenas de passagem, para aprender e evoluir."

Concluindo suas reflexões, Nancy expressou seu desejo mais profundo: que todas as pessoas do mundo descobrissem a luz interior que habita em cada um. Ela visualizou um mundo onde essa consciência coletiva levaria a uma paz profunda e um silêncio sereno - não o silêncio da inação, mas a quietude da compreensão mútua e do respeito.

Ao fechar o caderno, Nancy sentiu uma paz profunda. Estas palavras, nascidas de uma vida de experiências, eram seu legado - não apenas para sua família, mas para todos aqueles cujas vidas ela havia tocado e continuaria a tocar através de suas histórias e ensinamentos.

Epílogo: "Ecos do Passado, Melodias do Futuro"

O sol da tarde filtrava-se pelas cortinas rendadas da sala de estar de Nancy, lançando padrões delicados sobre o álbum de fotografias em seu colo. Com dedos gentis, ela virava as páginas, cada imagem despertando uma cascata de memórias.

Ali estava ela, uma menina de olhos brilhantes com óculos de arame, brincando de professora no quintal. Nancy sorriu, lembrando-se do sonho que nunca a abandonara completamente. Embora não tivesse seguido o caminho tradicional do ensino, ela percebeu que havia sido professora à sua maneira, compartilhando lições de vida com todos que cruzaram seu caminho.

Suas mãos pararam em uma foto dos campos de laranja de Bebedouro. O cheiro das frutas frescas parecia preencher a sala por um momento. Aqueles dias na Frutesp haviam lhe ensinado o valor do trabalho duro e da perseverança. Cada laranja polida era um lembrete de que mesmo as tarefas mais simples podiam ser realizadas com graça e propósito.

A próxima página revelou uma imagem que fez seu coração saltar uma batida: ela e seu marido, jovens e sorridentes, dançando em seu casamento. A dor da perda ainda estava lá, uma sombra suave em seu coração, mas agora era acompanhada por uma profunda gratidão pelo amor que haviam compartilhado.

Nancy fechou o álbum e olhou pela janela. O mundo lá fora havia mudado tanto desde seus dias de juventude. As estradas de terra haviam dado lugar ao asfalto, os lampiões às luzes elétricas. Mas algumas coisas permaneciam inalteradas: o céu azul de Pitangueiras, o cheiro da terra após a chuva, a alegria das crianças correndo pela sala, o som distante de uma sanfona em uma tarde de domingo.

Levantando-se, Nancy caminhou até a estante e pegou um livro gasto. Era o diário que começara a escrever anos atrás, inspirada por seus mentores. Nas páginas amareladas, ela havia registrado não apenas eventos, mas reflexões, esperanças e lições aprendidas.

Com um sorriso, Nancy pegou uma caneta e abriu o diário em uma página em branco. Havia mais histórias para contar, mais lições para compartilhar. Talvez ela não tivesse se tornado a professora que imaginara em sua juventude, mas sua vida havia sido uma sala de aula contínua, cheia de aprendizados e ensinamentos.

Enquanto a pena deslizava sobre o papel, Nancy refletiu sobre a jornada que a trouxera até ali. Das brincadeiras no quintal às noites de dança, das decepções às alegrias, cada experiência havia sido um passo nessa grande dança chamada vida.

Ela pensou nas gerações que viriam depois dela - os filhos, os netos e netas. Que lições sua vida poderia ensinar a eles? Que melodias do passado poderiam ecoar em seus futuros?

Nancy sabia que não tinha todas as respostas, mas tinha algo igualmente valioso: uma vida ricamente vivida, cheia de amor, perda, alegria e crescimento. E enquanto as palavras fluíam de sua caneta, ela sentiu uma profunda paz. Sua história, com todos os seus altos e baixos, era um testemunho da resiliência do espírito humano, da beleza encontrada nas pequenas coisas, e do poder transformador do amor.

O sol começava a se pôr, pintando o céu com as mesmas cores vibrantes que haviam marcado tantos momentos cruciais em sua vida. Nancy fechou o diário, sentindo-se completa. Ela havia dançado sua dança, cantado sua canção, e agora estava pronta para o que quer que o futuro reservasse.

Com um sorriso sereno, ela se levantou e caminhou até a janela. Lá fora, a vida continuava seu eterno ciclo. Crianças brincavam na rua, casais passeavam de mãos dadas, e no ar, Nancy podia jurar que ouvia os acordes distantes de "La Cumparsita".

A vida, ela concluiu, era como uma grande orquestra. Cada pessoa tocava seu próprio instrumento, contribuindo para a sinfonia maior. E embora algumas melodias pudessem terminar, a música continuava, sempre evoluindo, sempre bela.

Nancy fechou os olhos, deixando-se embalar por essa música invisível. Sua própria melodia poderia estar chegando ao fim, mas os ecos de sua vida continuariam reverberando, tocando corações e inspirando novas histórias por gerações vindouras.

E assim, com o coração cheio de gratidão e os olhos voltados para o horizonte, Nancy abraçou o crepúsculo de sua vida, sabendo que cada momento vivido, cada lição aprendida, cada amor compartilhado, havia valido a pena. Sua vida não havia sido apenas uma história para ser contada, mas um exemplo a ser seguido, um lembrete de que, não importa quais sejam os desafios, sempre há beleza a ser encontrada, lições a serem aprendidas e amor a ser compartilhado.

Fim.

Um conto folclórico - José Alves de Fundão

J osé Alves de Fundão, se vestiu e se preparou então, pra mor de ir furtar Leonor.

Sua Mãe chama e disse:

– Ô meu filho, vem cá, preste bem atenção, vou ti dá um conselho. Acho bom cê não ir lá.

– Ara minha Mãe, meu cavalo tá selado, que meu mano já selou. Eu disse que eu ia, agora eu vou. Venha a morte me matar, morro na ponta da faca, mas eu ei de furtar Leonor.

E ele pra lá seguiu, fazendo um cigarrinho.

Vendo Leonor numa janela, a intenção dele era, de pedir fogo pra ela.

Mais o velho pai da moça chamou e disse.

– Ô moço, cê qué negócio ou qué apiá. Ai é uma janela, a porta da sala é cá.

– Ah, é que nessa minha idade, me acho de valô, me acho na qualidade de me casar com Leonor.

– Eu não dô minhas filhas pra esses homens de Fundão. A metade é velhaco e o resto é tudo ladrão. Ô Tonho, ô Francisco, ô Venceslau, pega o sujeito, chega ele no sebo, que ver ele gemer no pau.

José Alves saiu de esporada cortando capoeira. Ao chegar numa porteira, encontrou uma velhinha. Parou e disse.

–Venha cá minha Velha honrada, nessa minha aflição lhe ponho uma prata na mão, e lhe pergunto então: que caminho ei de seguir? E pergunte pra Leonor em que noite ela qué fugí.

–Leonor mandou dizer que espera na noite de quarta-feira, pra você ir pisando duro por de traz do muro, la por detrás das bananeiras.

Mas, no outro dia cedo o velho ia pra roça, chamou e disse:

— Minha Velha vem cá. Preste bem atenção pra Leonor não se escapá.

— Ora, Leonor esta se penteando, ô minha filha, eu estou conhecendo sua velhacaria.

— Ora mamãe é tola, acredita em tudo o que o povo diz. Sou tão nova, como poderei fugir. Aqui me acho tão sem saúde, eu queria que a senhora deixasse eu tora um banho no açude.

— Ah minha filha, a chuva qué chove, e o vento qué venta e esse banho no açude bem te pode te fazer má.

— Ah mamas, veja que eu lhe quero bem. Um banho no açude não faz mal a ninguém.

— Ô Francisca, ô Ponônia, ô Frô, ajunta vocês três, vai no banho com Leonor.

— Ara, se elas três fô eu num vô.

— Minha fia, se qué ir sozinha então eu fico espiando cá da porta da cozinha.

E o tempo passo, e o tempo passo, e a chuva já choveu, e o vento já vento, e o açude já encheu e Leonor já se afogo.

Mais Francisca por ser a mais velha, pois sentido no que viu.

—Mamãe é tola, Leonor já se fugiu.

Aha minha filha não me fala isso, não meta raia. Mais agora nós têm que ver nas unhas do olho teu pai.

E a velha pro campo da roça logo se dirigiu.

– Venha cá meu Velho honrado, Leonor já se fugiu.

E o Velho por ser malvado, só na véia vinha dando, ao chegar numa cancela, deu um murro tão pequeno, rebento 9 costela.

Ao chegar em casa as moças fizeram revolução, rumaram com o Velho no chão.

E a velha então, gritou:

– Deixa eu tirá meu quinhão. Deu novecentas mordidelas e oitocentos beliscão.

Autor(a)

Maria Nancy Felipe Garibaldi é uma dona de casa de 88 anos cuja vida foi marcada por sonhos, amor e dedicação. Nascida com o desejo de se tornar professora, Nancy encontrou em sua família a realização de seu maior propósito. Viúva de Argemiro Garibaldi, com quem compartilhou quase 50 anos de união, ela é mãe amorosa de João José, Fabíola, Jaqueline e Fernando, e avó orgulhosa de Júlia, Isabela, Olívia, Arthur e Enrico.

Ao longo de sua vida, se dedicou não apenas à sua família, mas também ao desenvolvimento espiritual e ao auxílio ao próximo. Sua espiritualidade é uma força guia, inspirando aqueles ao seu redor a buscar a paz interior e a compaixão.

Apaixonada por plantas e flores, Nancy encontrou na natureza uma fonte constante de beleza e serenidade. Hoje, ela reside em Colina, São Paulo, onde continua a nutrir seu jardim e seus sonhos com o mesmo amor e cuidado que dedicou à sua família.

Este livro é um reflexo de sua rica jornada, uma coleção de memórias e lições que Nancy deseja compartilhar com as gerações futuras, perpetuando seu legado de amor e sabedoria.

Made in the USA
Columbia, SC
05 December 2024